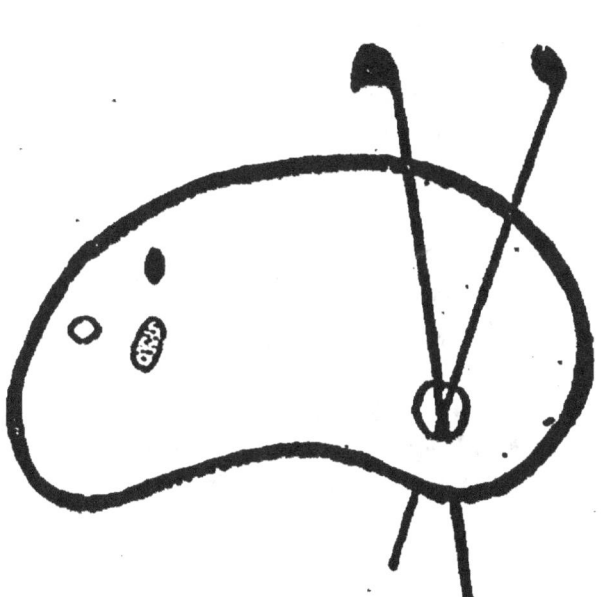

DEBUT D'UNE SERIE DE DOCUMENTS
EN COULEUR

CATALOGUE

D'UNE BELLE COLLECTION

DE TABLEAUX CAPITAUX

Et Objets d'Art

Formant le cabinet de feu M. DURAND-DUCLOS.

LA VENTE AURA LIEU

LE JEUDI 18 FÉVRIER 1847.

EXPOSITIONS PUBLIQUES

Le Samedi 13 Février, de midi à cinq heures,
Au domicile du défunt, rue des Moulins, 16,

Et la veille de la Vente,

Mercredi 17 Février, de midi à 5 heures,
A l'Hôtel, rue des Jeuneurs, salle n° 1.

SIMONET, EXPERT.

PARIS,
IMPRIMERIE DE GUIRAUDET ET JOUAUST,
315, RUE SAINT-HONORÉ.

1847

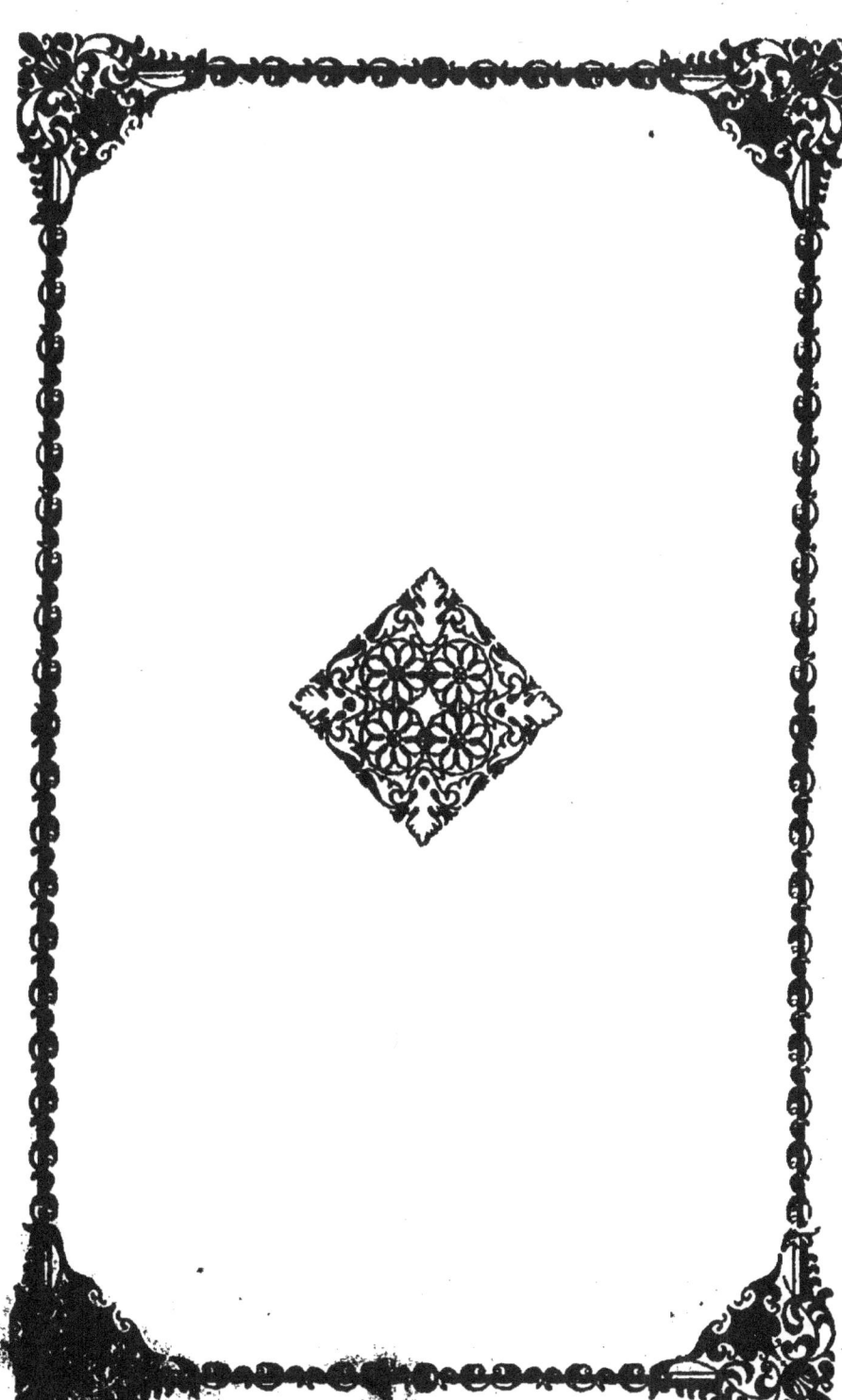

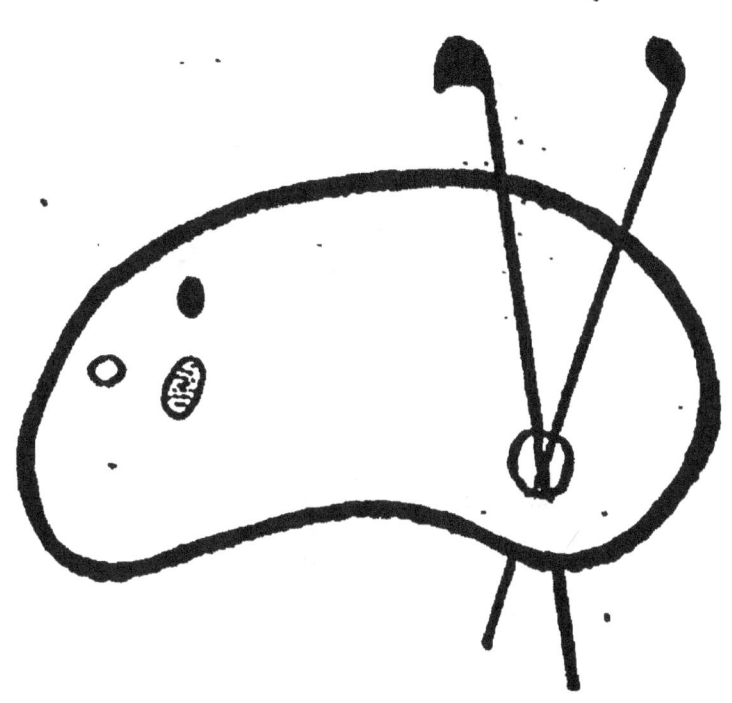

FIN D'UNE SERIE DE DOCUMENTS
EN COULEUR

CATALOGUE

D'UNE BELLE COLLECTION

DE

TABLEAUX DE CHOIX

ANCIENS ET MODERNES,

des Écoles Italienne, Flamande, Hollandaise et Française,

Objets d'art et de curiosité; Vases; Bronzes antiques, grec, égyptien et romain;
Boîte en argent repoussé; Boîte en jaspe sanguin, garniture en or et pierres précieuses;
Pendule, Porcelaines et Curiosités diverses.

FORMANT LE CABINET

DE FEU M. L. DURAND-DUCLOS,

DONT LA VENTE AURA LIEU, PAR SUITE DE SON DÉCÈS,

HOTEL DES VENTES MOBILIÈRES,

RUE DES JEUNEURS, 16,

SALLE N° 1,

Le Jeudi 18 Février 1847, à une heure précise,

Par le ministère de M° GUERREAU, Commiss.-Priseur, r. de Grammont, 4;
Et de M° RIDEL, Commissaire-Priseur, rue S.-Honoré, 335;

Assisté de M. SIMONET,
Expert de la Compagnie des Commissaires-Priseurs, rue l'Évêque, 1,

𝔈xpositions publiques

Le Samedi 13 Février, de midi à cinq heures,

Au domicile du défunt, rue des Moulins, 39;

Et la veille de la Vente,

Mercredi 17 Février, de midi à 5 heures,

A l'Hôtel, rue des Jeuneurs, 16.

LE CATALOGUE SE DISTRIBUE :

SIX JOURS AVANT LA VENTE,

Aux adresses ci-dessus, et chez M° COUSIN, notaire, exécuteur
testamentaire, 13, quai Voltaire.

AVERTISSEMENT.

Pour répondre à la confiance dont on nous a honoré en nous chargeant de diriger la vente des Tableaux laissés par M. Durand-Duclos, nous avons cherché à nous entourer de tous les documents et renseignements nécessaires sur l'origine des Tableaux et sur les Cabinets d'où ils proviennent. Pour offrir aussi un emplacement plus commode et plus agréable, après la première exposition, qui aura lieu au domicile du défunt, nous ferons transporter les Tableaux et Objets d'art dans la grande salle de la rue des Jeuneurs, où MM. les Amateurs, les trouvant en plus beau jour, seront à même de mieux juger de leur mérite.

CONDITIONS DE LA VENTE :

La vente aura lieu au comptant.
Les adjudicataires paieront 5 pour 100 en sus de leurs adjudications.
On commencera à une heure très précise.

Abréviations employées dans ce Catalogue.

T.	Toile.
B.	Bois.
H.	Hauteur.
L.	Largeur.
Mèt.	Mètre.
Cent.	Centimètre.
Mil.	Millimètre.

En perdant, le 5 décembre dernier, l'homme éclairé dont nous sommes chargés de vendre le cabinet, les vrais amateurs de tableaux ont à regretter en lui non seulement un artiste de talent, mais encore un guide judicieux dont ils étaient heureux de pouvoir consulter l'expérience.

Né à Auxerre en 1771, il vint dans sa jeunesse perfectionner à Paris ses études de la peinture, et sut, dès le début de sa carrière, mériter l'affection et l'estime des grands artistes.

Malgré ses succès dans un art dont il avait su vaincre les difficultés, son admiration pour les anciens maîtres le porta plus particulièrement à méditer sur leurs chefs-d'œuvre : aussi ne tarda-t-il pas à acquérir ce talent d'appréciation si rare qui le fit rechercher pendant les quarante dernières années de sa vie par les amateurs de tableaux les plus riches et les plus distingués de tous les pays.

Lorsque, par la mort de son frère, antiquaire d'élite si regretté, l'accroissement de sa fortune lui permit de réaliser ce rêve de toute sa vie, de former une collection des œuvres des grands maîtres de la peinture, il parvint, en y consacrant une partie notable de son avoir à réunir quelques uns des chefs-d'œuvre si difficiles à rencontrer aujourd'hui.

C'est ainsi que, parmi les tableaux décrits au catalogue, nous recommandons plus spécialement à l'attention des amis des arts : la belle Madeleine, de Greuze; l'Empirique, de Gérard Dow; les Joueurs de dés, de David Teniers; le Paysage de Claude Lorrain; le Pâturage, de Karel Dujardin; le portrait de Rembrandt, et les Chasseurs par Albert Cuyp, etc.

DÉSIGNATION
DES TABLEAUX.

Écoles Italienne et Espagnole.

1. **ANDRÉ DEL SARTE.** *La Vierge, l'enfant Jésus, saint Joseph et le petit saint Jean.*

La Vierge, assise à terre, près d'une masse de rochers, tient l'enfant Jésus dans ses bras et le presse contre son sein; elle regarde et écoute le petit saint Jean, agenouillé près d'elle, et dont les paroles semblent faire sur elle une vive impression. L'époux de Marie paraît méditer. Dans le lointain, on distingue des fabriques et un pays montagneux.

A un coloris brillant, à de beaux empâtements, s'unissent ici toutes les autres qualités de l'auteur.

B. H. 96 cent. L. 70 cent.

2. **BELLIN (Jean).** *La Vierge en adoration devant l'enfant Jésus.*

La sainte Vierge, les mains jointes, semble prier; ses traits respirent la candeur la plus parfaite; elle est debout près de son fils, qui est assis sur une table et mollement appuyé contre un coussin. Sa divine mère est vue à mi-corps, la tête ornée d'une coiffure en forme de turban, d'où retombe un voile blanc venant s'arrêter sur ses épaules; sa tunique rouge est garnie, dans le haut, d'une broderie en or rehaussée de perles; une partie de son manteau, en soie bleue doublée de violet clair, est relevée sur la table et passe dessous l'enfant Jésus, dont les regards sont tournés vers une colombe qui s'envole. Le fond offre un paysage, masqué en partie par un rideau vert.

Sur une petite bande de papier, figurée au bas du tableau, on lit : *Joannes Bellinus*, marque ordinaire de ce maître. Un ouvrage aussi authentique que celui-ci est digne de figurer dans une galerie.

Ce tableau provient du cabinet de M. de Périgny.

B. H. 86 cent. L. 66 cent.

3. CORREGGIO (Antonio Allegri, dit il). *La sainte Famille.*

Ce tableau a été décrit par feu M. Henry, sous le n° 3, dans le catalogue de M. le duc de Caraman, de la collection duquel il provient; nous allons donc reproduire la description que cet excellent connaisseur en a faite :

« La Vierge est assise au pied d'un arbre et semble occupée du soin d'habiller son fils; il semble aussi que Jésus se fasse un jeu de lui résister : il s'agite, et la vivacité de ses mouvements vient de mettre une partie de son corps à découvert. Cependant un doux sourire anime les lèvres de la Vierge, et cette tendre mère, pour contenir un fils qu'elle adore, retient mollement une de ses petites mains, tandis qu'elle presse l'autre contre son sein. Par terre, aux pieds de Marie, est une corbeille contenant du linge, un peloton de fil et une paire de ciseaux. A quelque distance se voit saint Joseph qui rabote un morceau de bois sur son établi.

« On n'a certainement pas oublié la petite Sainte Famille du Corrége que nous fûmes chargé de vendre il y a cinq ans, et qui, du palais de l'Escurial, était passée dans la riche galerie qu'avait formée M. Lapeyrière. Ce tableau est de la même grandeur que celui de M. le duc de Caraman, et tout à fait composé de la même manière. Ce dernier est-il une répétition, une copie retouchée par le maître, ou tout simplement une copie faite dans l'école? Ces questions ont été résolues de diverses manières, et par conséquent ne le sont pas encore.

« On allègue avec fondement que le tableau dont M. Lapeyrière s'est défait ressemble peu, par la couleur, à celui dont il s'agit ici; que le premier est d'une teinte généralement grise, ce qui a porté Mengs à dire qu'*il semble fait en manière d'ébauche*; tandis que le second est d'une couleur chaude et vigoureuse.

« On allègue encore que le tableau de M. le duc de Caraman a été vu, admiré pendant des siècles dans le palais Colonna, à Rome, sans que personne en ait contesté l'originalité.

« Nous laissons aux amateurs à juger du poids de ces raisons, et nous nous contenterons de dire, comme nous l'avons dit de l'autre Sainte-Famille, que la partie de l'art qui nous frappe le plus ici, c'est l'expression de Marie, ce mélange de candeur virginale et d'amour maternel qui peint si bien, à nos yeux, ce que l'entendement humain ne peut saisir : l'idée d'une vierge mère.

« La tête du petit Jésus n'est pas moins ravissante; elle est d'une rare beauté de forme, et, comme celle de la Vierge, d'une heureuse idéalité. On y démêle quelque chose d'auguste qui ne se voit point ordinairement dans les traits d'un enfant. — *Bois.* »

H. 33 cent. L. 26 cent.

4. DOMINIQUIN (Zampieri, dit le). *L'enlèvement d'Hélène.*
Belle composition de huit figures, d'un brillant colo-

ris, bien dessinées, bien peintes, et dont les expressions sont bien rendues.

Marbre. H. 40 cent. L. 49 cent.

5. **FRANCIA (F.).** *La Vierge, l'enfant Jésus, saint Joseph et le petit saint Jean.*

La mère du Sauveur, debout, tient devant elle son divin fils, qui est assis sur un socle de pierre; les regards de Marie, ainsi que ceux de son fils, se portent vers les spectateurs ; à sa droite est saint Jean-Baptiste, tenant une croix de roseau ; et derrière lui, saint Joseph considère l'enfant Jésus. Ces figures ne sont vues qu'à mi-corps, à l'exception du fils de Dieu, qui s'offre tout entier à la vue ; à droite, au milieu du paysage, le peintre a représenté la fuite en Egypte.

Francia parcourut toute l'Italie, et se lia particulièrement avec Raphaël, dont il s'inspira souvent; ses ouvrages ont beaucoup d'analogie avec ceux de ce grand peintre.

B. H. 62 cent. L. 50 cent.

6. **MURILLO (Esteban).** *Sainte Claire couronnée par un ange.*

Elle est agenouillée sur un nuage, la main droite posée sur sa poitrine en partie découverte. La douce physionomie de la sainte exprime bien la paix de son âme et le bonheur qu'elle éprouve à la vue d'un ange qui lui présente une couronne de fleurs et la palme des élus.

T. H. 74 cent. L. 59 cent.

7. **PARMESAN (Francesco).** *Moïse sauvé des eaux.*

Le peintre a traité ce sujet en trois parties, selon la mode du temps. Dans le lointain, on voit l'enfant dans son berceau abandonné au milieu du Nil : plusieurs personnes cherchent à le sauver. A gauche, sur le devant, on l'aperçoit encore au milieu des roseaux ; une femme le dépose au pied de la fille de Pharaon, debout près de ses femmes et donnant par un geste l'ordre de le porter dans son palais. Dans l'éloignement on découvre un pont jeté sur le fleuve; au delà sont des collines, et à leur base la ville de Memphis.

T. H. 74 cent. L. 59 cent.

Écoles Flamande et Hollandaise.

8. BERCHEM (attribué à). *Paysage et animaux.*

Nous transcrivons un papier collé derrière ce tableau, où il est écrit qu'il provient de la collection de Randon de Boisset, dont la vente a eu lieu le 3 février 1777, sous le n° 106 du catalogue.

Cinq vaches, les unes couchées, les autres debout; une chèvre et trois moutons dans une prairie séparée d'une autre par des planches où est une porte, près de laquelle sont un homme assis jouant du flageolet, et une femme qui travaille ; une grande partie de terrain à droite est occupée par des arbres; à gauche, des montagnes. Ce tableau est d'un coloris brillant, d'une touche précieuse et d'un dessin correct. Il est peint sur bois.

H. 9 pouces. L. 11 pouces. — Vendu à l'enchère à cette même vente la somme de 6,401 francs.

9. CUYP (Albert). *Les chasseurs.*

A l'ombre de quelques arbres, formant la lisière d'un bois, un jeune chasseur élégamment vêtu se repose assis sur un tertre, où gisent des canards sauvages et d'autres oiseaux, son fusil et un cornet de chasse à côté; il tient sa gibecière, et s'entretient avec un domestique placé à sa gauche, qui lui présente une perdrix. Un chien barbet est couché à ses pieds ; plus loin un chasseur tire un coup de fusil.

Ce tableau, dont les figures sont de belles proportions, est d'un pinceau large et moelleux ; la couleur en est puissante, chaude et vraie. A ces éloges il faut ajouter la rareté, qui est bien à prendre en considération.

Il provient de la vente du colonel Birré, faite à Paris en 1841, où il figurait sous le n° 27 du catalogue.

B. H. 72 cent. L. 59 cent.

10. CUYP (Albert). *Portrait d'une jeune fille vêtue en bergère.*

Elle est vue à mi-corps ; une couronne de fleurs des champs est posée sur ses cheveux, qui tombent en boucles le long de ses épaules ; sa robe est attachée par une ceinture de soie ; elle tient une houlette à la main.

B. H. 66 cent. L. 50 cent.

11. DOES (Vander). *Le Pâturage.*

A droite, près d'une chaumière, on remarque une paysanne assise au pied d'un arbre, et occupée à chercher ses puces. Son petit garçon lui montre un chien qui se tient droit sur ses pattes. Deux belles vaches et trois moutons sont à peu de distance. Dans l'éloignement, près de quelques fabriques, des bergers conduisent un troupeau d'animaux.

Ce paysage, signé Karel du Jardin, a tout l'aspect d'un bon tableau de ce maître.

T. H. 48 cent. L. 41 cent.

12. DOW (Gérard). *L'Empirique.*

Ce tableau a fait partie de la collection du colonel Birré, et fut vendu à Paris, en 1841, sous le n° 17 du catalogue, et de la célèbre collection du chevalier

Érard, en 1832, sous le n° 77 du catalogue, où il est décrit de la manière suivante :

Une femme vient d'entrer dans le cabinet d'un médecin, et le consulte sur la maladie d'un enfant qu'elle tient dans ses bras; un peu d'urine renfermée dans une fiole doit accuser la nature du mal aux yeux perçants de l'Esculape moderne. Pour l'examiner au grand jour, il s'est approché de la fenêtre, et, à la manière dont il tient la fiole, ainsi qu'au regard scrutateur qu'il porte sur l'être souffrant, il semble vouloir s'assurer de la justesse des pronostics qu'il a tirés de l'eau révélatrice.

Une ceinture rayée est négligemment jetée sur le bord de la fenêtre, et s'y groupe avec un livre ouvert, un bassin de cuivre, un clepsydre et la patente dûment scellée du docteur. Celui-ci, coiffé d'une toque, est vêtu d'une robe à manches ouvertes, et d'un pourpoint à demie fermé par un rang de boutons. L'air d'aisance qui règne autour de lui atteste, sinon son savoir, du moins la confiance qu'il a su inspirer.

Ce tableau est remarquable par cette touche si délicate, cet extrême fini, cette perfection, car c'est là le mot, qui sont regardés comme le *nec plus ultra* de l'exécution pittoresque, et font de chaque ouvrage de l'inimitable Gérard Dow un véritable chef-d'œuvre. »

B. H. 30 cent. L. 21 c. 3 mil.

13. HUYSUM (Juste van). *Fleurs.*

Des fleurs de diverses espèces sont dans un vase orné de figures d'enfants; d'autres fleurs, telles que roses blanches et roses rouges, marguerites, coquelicots et autres fleurettes des champs, pendent le long du vase, retenues par un ruban.

T. H. 56 cent. L. 43 cent.

14. JARDIN (Karel du). *Le Pâturage.*

Un cheval, une vache et deux brebis, sont rassemblés dans une prairie, près d'un arbre; un peu plus loin, à gauche, deux enfants, gardiens de ces animaux, jouent ensemble assis sur l'herbe et à peu de distance d'un chien qui satisfait un besoin contre un tronc d'arbre. La prairie est vivement éclairée par un coup de soleil, qui forme contraste avec le reste du paysage, plus dans la demi-teinte. Tous ces précieux détails sont réunis sous la voûte d'un ciel plein de finesse et pétillant de lumière.

Ce charmant tableau, simple à la première vue, n'en offre pas moins toutes les beautés qu'on admire dans les ouvrages de Karel du Jardin. Peu sont d'un effet aussi brillant; aucun n'est plus agréable ni plus parfait.

B. H. 28 cent. L. 34 cent.

15. Du même. *Le Passage du gué.*

Au milieu d'un site montagneux coule une rivière que traverse une jeune villageoise, tenant un pot de cuivre à son bras; un peu plus loin un pâtre, monté sur un âne, fait passer le gué à une vache, quatre moutons et deux chèvres. Au delà du gué, en regardant à gauche, on voit un château sur une montagne; du côté opposé, sur un monticule, deux villageois conduisent un mulet et une vache.

Il est fâcheux que ce tableau ait subi une mauvaise restauration, car il a dû être très beau.

T. H. 42 cent. L. 31 cent.

16. MOUCHERON. *Paysage et figures.*

Le site est baigné, au milieu, d'une rivière traversée d'un pont de pierre, sur lequel passe un villageois conduisant un mulet vers un bâtiment situé à l'extrémité du pont. A droite et à gauche, des arbres ; au milieu, sur le devant, une femme assise par terre, causant avec un villageois.

T. H. 54 cent. L. 64 cent.

17. NEER (Van der). *Paysage orné de figures.*

18. OS (Van). *Paysage ; entrée de forêt.*

A gauche, sur le devant, des enfants sont occupés à faire des fagots.

T.

19. REMBRANDT (Paul, dit *Van Ryn*). *Portrait d'un vieillard à barbe blanche.*

Il est représenté de grandeur naturelle, à mi-corps, de face et regardant le spectateur. La tête, couverte d'une toque, et sur laquelle il ne tombe que peu de jour, est environnée de grandes ombres. Le costume répond à la gravité du maintien et se compose d'une espèce de manteau brun garni de fourrure. Sa main droite tombe négligemment le long de son corps; et de la gauche, relevée vers la poitrine, il tient un côté de son manteau.

Ce portrait est remarquable par cette fusion de teintes harmonieuses et transparentes, par une exécution large et un modelé parfait.

T. H. 1 mètre 10 cent. L. 81 cent.

20. STEEN (Jean). *Le Marchand d'orviétan.*

Sur le tréteau d'une baraque dressée sur la place publique d'un village, un charlatan, accompagné de ses acolytes, énumère les qualités merveilleuses de son orviétan devant une foule de villageois, parmi lesquels on remarque un jeune paysan à cheval, qui l'écoute attentivement, et une femme comptant de l'argent, près d'un homme qui tient un enfant dans ses bras. Les divers personnages de cette scène, femmes, enfants, piétons et cavalier, sont tout yeux et tout oreilles; leur physionomie comme leur attitude sont aussi expressives que pleine de naïveté; tout respire ici la plus grande vérité : on croirait assister à une fête de village.

T. H. 60 cent. L. 78 cent.

21. STEEN (Jean). *Intérieur rustique, dans lequel sont trois figures.*

22. TÉNIERS (David). *Les Joueurs de dés.*

Au milieu d'une salle d'estaminet deux hommes sont face à face à une table, sur laquelle est posée un jeu de trictrac. L'un d'eux, assis, tenant une canette de la main gauche, et ayant l'autre appuyée sur le jeu, attend avec inquiétude et attention le point que va amener son adversaire, placé debout près de la table et prêt à y lancer les dés. Une femme et un fumeur, simples spectateurs, attendent avec curiosité et intérêt.

A droite, dans le fond, trois autres figures, hommes et femme, jasent devant la cheminée. Un banc, une table, beaucoup d'accessoires, complètent la composition. Le précieux fini, l'expression, l'exacte imitation de chaque objet, y sont portés au plus haut degré, sans que la touche y ait rien perdu de son esprit.

Ce beau tableau, après être sorti du cabinet de M. Kalbrener, passa dans celui de M. Rhoné.

B. H. 46 cent. L. 55 cent.

23. TERBURG (Gérard). *Portrait d'homme.*

Le personnage dont ce portrait nous offre l'image est un magistrat ou bourgmestre hollandais, à en juger par son vêtement et la gravité de sa figure. Quoi qu'il en soit, il est représenté jusqu'aux genoux, nu-tête et richement vêtu; il tient sa canne de la main droite, et il a l'autre posée sur la hanche; près de lui se trouve une table recouverte d'un tapis, et sur laquelle est placé son chapeau.

Telle est la vérité de ce portrait qu'il serait difficile à l'art d'approcher plus près de la nature.

T. H. 38 cent. 5 mil. L. 31 cent.

24. VELDE (Guillaume Vanden). *Mer calme.*

La marée descendante vient de laisser engraver une barque, que des pêcheurs sont occupés à remettre à flot. Ils sont à peu de distance d'une autre barque dont les matelots hissent la voile pour s'éloigner du rivage. Au milieu, un vaisseau donne le signal du départ en tirant un coup de canon; son canot, rempli de monde, s'empresse de gagner le bord; cinq ou six navires sont à peu de distance, et des barques à la voile dans l'éloignement.

T. H. 54 cent. L. 74 cent.

25. WERF (Pierre Vander). *Daphnis et Chloé.*

Le berger, assis sur une draperie, tient une flûte, dont il vient de tirer des sons; il regarde Chloé placée à ses pieds et s'appuyant sur lui en le regardant tendrement; une belle draperie jaune agréablement disposée laisse sa gorge à découvert; ils sont tous deux à l'ombre d'un arbre touffu. Une forte demi-teinte s'étend sur le couple amoureux, et contraste avec la vive lumière qui éclaire certaines parties des figures et le paysage.

Ce tableau, comme qualité, mérite assurément une place distinguée. On ne rend pas assez justice à cet artiste. Un pareil ouvrage, qu'Adrien son frère n'aurait pas désavoué, le prouve suffisamment.

T. H. 81 cent. L. 64 cent.

26. WOUVERMANS (Philippe). *Halte de chasseurs.*

Des chasseurs ont choisi pour rendez-vous, ou pour

se rafraîchir, une éminence à quelques pas d'une chaumière. L'un d'eux, monté sur un cheval blanc, se penche pour caresser un chien qui s'élance vers lui, tandis qu'une jeune et jolie dame, également à cheval, considère un faucon qu'elle tient élevé sur son bras. Près d'eux le cabaretier, un pot à la main, regarde venir un cavalier au galop, suivi d'un valet portant des faucons. A gauche, une vieille femme est devant la chaumière ; du même côté, un chien se voit contre un tronc d'arbre. Ce bon tableau est un de ceux où on admire toutes les qualités qui distinguent les ouvrages de l'auteur.

B. H. 32 cent. L. 43 cent.

27. WOUVERMANS (d'après Philippe). *Le repos des voyageurs.*

Une dame, montée sur un beau cheval blanc, et deux cavaliers, sont arrêtés devant une chaumière pour se rafraîchir ; plus loin d'autres voyageurs arrivent pour en faire autant,

B. H. 35 cent. L. 40 cent.

École française.

28. GELÉE (Claude, dit *le Lorrain*). *Paysage avec effet de soleil couchant.*

Dans la collection du chevalier Érard, sous le n° 189 du catalogue, ce tableau est décrit de la manière suivante :

« A l'avant-scène, ombragée d'un côté par de grands arbres, est un long chemin où passe un berger, chassant devant lui un troupeau de moutons ; un peu plus loin, du même côté, sont situées une tour et plusieurs maisons, par derrière lesquelles on voit une colline, dont la pente douce s'abaisse et se termine vers le milieu du point de vue.

« Dans la partie opposée coule un fleuve, que traverse un grand pont de pierre; au delà est un coteau couvert de bois; dans le lointain, des montagnes s'élèvent devant l'horizon.

« Ce qu'on ne se lasse point d'admirer dans ce tableau, ce sont ces teintes si vraies, si vaporeuses, si fuyantes, cette dégradation si parfaite, cette harmonie si ravissante, qui ont obtenu à Claude Lorrain la première place parmi les peintres de paysages de toutes les nations. Etc. »

T. H. 81 cent. L. 1 mètre 5 cent.

29. GREUSE (Jean-Baptiste). *La Madeleine en prières, ou sainte Marie égyptienne.*

Dans l'intérieur d'une grotte servant de cellule, et devant un autel rustique formé de blocs de pierres, sur lequel sont placés des livres et une natte étendue sur les marches, on voit la Madeleine à genoux, abîmée dans sa douleur et soutenant sa tête de sa main gauche; elle tient de l'autre main un crucifix, qu'elle presse contre son sein; elle est entièrement nue et de grandeur naturelle; ses longs cheveux bruns tombent sur son cou et sur ses bras, et viennent couvrir une partie de son corps, en s'étendant jusqu'aux genoux; un livre ouvert est placé auprès de la pénitente, et derrière elle se trouve un lion.

Ce tableau est un des chefs-d'œuvre de Greuse. Il est impossible de trouver plus de perfection : exécution soignée, expression vraie, coloris d'une admirable fraîcheur, grâce, conservation parfaite, toutes les qualités enfin s'y trouvent réunies au plus haut degré.

Cet ouvrage a fait partie de la galerie du prince Lucien Bonaparte ; il est gravé par Testa, dans sa collection, sous le n° 55.

T. H. 2 mètres L. 1 mètre 42 cent.

30. GREUSE (J.-B.).

Une gracieuse jeune fille, dont les attraits sont à peine voilés par une légère chemise, est assise près de son modeste lit; la lecture d'une lettre placée sur ses genoux paraît l'avoir émue, et fait palpiter son sein, qu'elle presse de ses deux mains.

T. H. 64 cent. L. 54 cent.

31. GREUSE (attribué à). *Le Regret.*

Jeune fille, négligemment vêtue, et dont les longs cheveux tombent sur son cou, et laissent à découvert l'une de ses épaules; ses regards sont tournés vers le ciel ; sa tête est penchée sur son bras gauche, qui est appuyé sur une cage, dont la porte est ouverte. Que de vie, que d'expression dans cette jolie figure, parée seulement des grâces de la nature !

T. H. 54 cent. L. 46 cent.

32. GREUSE (attribué à). *Portrait d'une jeune fille.*

Jeune fille, la tête appuyée sur sa main et paraissant réfléchir.

T. H. 53 cent. L. 48 cent.

33. LESUEUR (attribué à). *L'Annonciation.*

La sainte Vierge en prières reçoit la visite de l'ange, qui lui annonce la présence de l'Esprit-Saint. Des groupes de chérubins, planant dans le ciel, contemplent cette scène avec joie.

T. H. 1 mèt. 3 cent. L. 82 cent.

Tableaux par et d'après différents Maîtres.

34. BOUCHER (école de). Portrait d'un jeune enfant.
T.

35. INCONNU. *Mars et Vénus*, sujet érotique.
B.

36. DURAND DUCLOS (M. L.). Trois portraits; miniatures, représentant son portrait et ceux de son père et de sa mère.

37. Ecole française. Deux portraits, homme et femme. Pastel.

38. Ecole française. *La Cruche cassée.*
Jeune fille assise sur un tertre, près d'un courant d'eau.
Ce tableau peut bien être de la jeunesse de Franklin.
T.

38 bis. Même école. *Une Muse.*
Elle est assise à l'ombre d'un bouquet d'arbres et pince de la guitare.
T.

39. Ecole espagnole. *Femme tenant un enfant.*
T.

40. Ecole de Rubens. Portrait d'un jeune homme. Esquisse.
B.

41. Ecole de Werboeckoven. *Animaux au pâturage.*
Nombreux troupeau d'animaux dans une prairie, gardé par un pâtre, qui joue de la flûte pour charmer ses loisirs.
T. H. 88 cent. L. 1 mètre 8 cent.

42. PRUD'HON (genre de). *Lucrèce*.

Agitée d'une douleur sombre, la malheureuse Lucrèce lève sur elle le poignard qu'elle a résolu de s'enfoncer dans le sein.

T.

43. WOUVERMANS (d'après). *Halte de cavaliers près d'une tente.*

44. Le même (d'après). Paysage, figures et animaux.

Objets d'art et de curiosité.

45. Boîte en argent repoussé.
46. Boîte en ébène et argent.
47. Boîte en jaspe sanguin, garniture en or et pierres précieuses.
48. *Napoléon*, bronze sur socle.
49. *Vénus*, bronze ancien.
50. *Homme à la pomme*, bronze ancien.
51. *Vénus au Dauphin*, bronze ancien.
52. *Bacchus*, bronze ancien.
53. Deux statuettes et une tête en grès.
54. Vase en grès, lampe antique et mortier en fer.
55. Statuette représentant *l'Asie*, bronze ancien.
    Statuette représentant *la Terre*, bronze ancien.
56. *Jupiter et Léda*, bronze monté sur socle doré.
57. Sabre tonckin.
58. Pot et cuvette, tasse, soucoupe et coquetier, le tout en porcelaine.

59. Porte-lettres en nacre.

60. Miniatures, médaillons.

61. Une grande Pendule ancienne, en marbre blanc et noir, à colonnes, ornements en bronze doré.

62. Candelabres en bronze doré.

63. Vases en porcelaine, montés en bronze doré.

64. Chapelle en bronze doré, avec un médaillon représentant le baptême de Notre Seigneur.

65. Statuette de *l'Amour*, bronze doré.

66.   id.   en bronze.

67. Portrait de *madame de Souvrai*, par Pétitot.

68. Miniatures par Mansion, Augustin, Isabey et autres.

69. Un manuscrit birman, sur feuilles de palmier, doré sur tranches et dans un état parfait de conservation.

70. Deux vases birmans, ornés de peintures lacques. Ces vases, en forme de pagodes, servent dans les Indes de boîtes à ouvrage.

71. Deux autres vases dans le même genre.

72. Un sabre birman.

73. Plusieurs idoles, en cuivre et en argent.

74. Une boîte à balance, une série de poids représentant un coq Birman.

75. Un sabre-poignard.

76. Un sabre poignard, semblable aux couteaux du Népaul.

77. Une flûte du Japon en lacque avec incrustations. (Cette flûte est exécutée sur modèle européen).

78. Un kriss malais en flammes, avec ciselures en or, fourreau et poignée en bois.

79. Un sabre persan.

80. Une magnifique boîte formant échiquier, avec cases

ivoire et écaille, l'intérieur en bois de sandal, servant de trictrac. Toutes ces pièces, travaillées en Chine, sont renfermées dans des boîtes en ivoire.

81. Une riche table chinoise, avec échiquier et trictrac, peintures lacques et dorures.
82. Une miniature sur ivoire (peinte à Agra, Mogol).
83. Plusieurs peintures sur talc.
84. Un manuscrit (Malabar) sur feuilles de palmier.
85. Un houka indien, avec cloche en cristal, surposé en argent, tuyau en soie, bout de vidry et or.
86. Sous ce numéro seront vendus les objets omis.

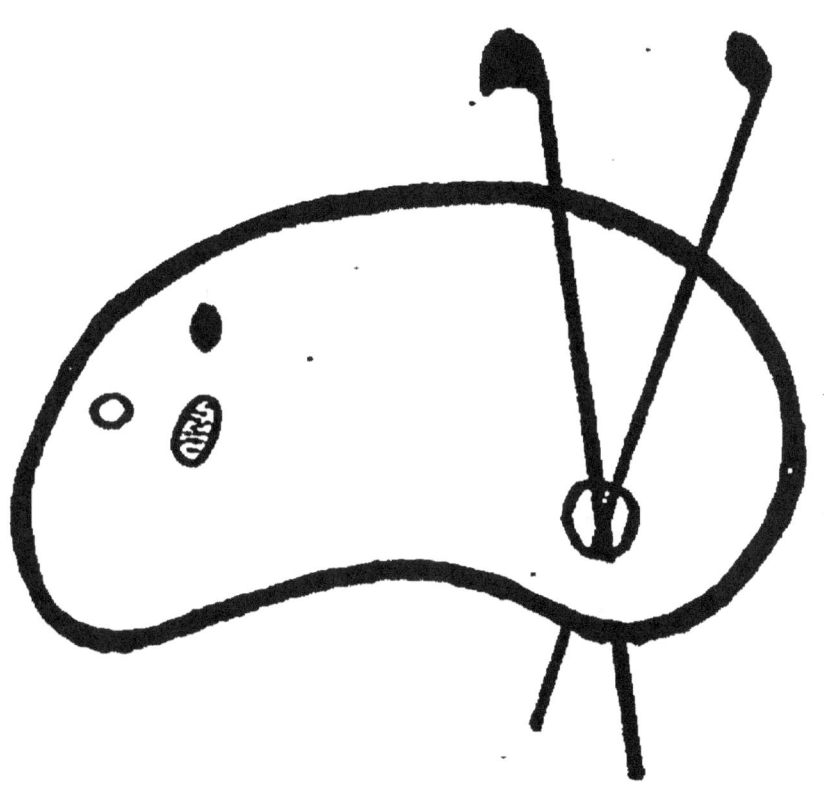

www.ingramcontent.com/pod-product-compliance
Lightning Source LLC
Chambersburg PA
CBHW030105230526
45471CB00003B/1268